JOHANN SEBASTIAN BACH

CANTATA No. 140

Wachet auf, ruft uns die Stimme
Sleepers, wake
(Domenica 27 post Trinitatis)
for 3 Solo Voices, Chorus and Orchestra
für 3 Solostimmen, Chor und Orchester
BWV 140

Edited by/Herausgegeben von
Arnold Schering

Ernst Eulenburg Ltd
London · Mainz · Madrid · New York · Paris · Prague · Tokyo · Toronto · Zürich

CONTENTS/INHALT

Ernst Eulenburg Ltd
48 Great Marlborough Street
London W1V 2BN

PREFACE

BACH, CANTATA NO. 140: "AWAKE"

The twentyseventh Sunday after Trinity (November), for which this Cantata was composed upon Philip Nicolai's incomparable hymn, occurs but seldom and only when Easter falls veryearly. During Bach's precentorship in Leipzig it only happened twice, in the years 1731 and 1742. Spitta considers, probably correctly, that the present work was written for the earlier year, but a second Cantata for the later date is non-existent. (See "J. S. Bach" II, 290, 796.)

The gospel for the day (Matthew 25, 1—13) is the comparison of the ten virgins. Nicolai's text touches upon this in the first verse only and then proceeds independently to the Revelation of St. John (21; 2, 21), celebrating the splendour of Zion and the glory of God. Between the three verses the unknown author inserted a recitative and duet. This fact is of the utmost importance in so far as they do not enlarge upon the initial idea of bridegroom and true believers, but bring it so much into the foreground that the work as a whole bears the definite stamp of a wedding-cantata.

This conception of Christ as bridegroom, and his faithful followers, is based upon ancient mystic views significant of the imperceptible transition from the material into the spiritual realm. Religious piety had brought this idea into favour again towards the end of the 17th century, but we may be sure that Bach's congregation found it difficult to realise the *unio mystica* of the theologians of the Middle Ages, and rather accepted the idea as it stood, as an ideal relationship of love based upon an actual foundation. Bach's music is a proof of this. It does nothing to illuminate the idea of spiritual relationship between Christ and the human soul, but expresses everything as actual, visible and real. For Bach, as a musician, no difference existed between earthly and heavenly love, and as he could unhesitatingly use the Wedding Cantata "Oh eternal fire" for whitsun worship, so likewise, the present work could, with a few alterations in the text, pass for a civil Wedding Cantata. So deeply did Bach interest himself in the ideal textual atmosphere of marriage that he did not fail to characterise it even where poetry and music did not require its portrayal—in the second verse of the Chorale.

Bach formed the first chorus into a scene full of peculiar beauty by imagining the moments which immediately precede the meeting of the bridegroom with the virgins. This poetical idea is portrayed solely by the orchestra which, as will be noticed, relies strictly until the end upon the single presentation of theme. It seems to me contrary to Bach's intention to consider the rhythmic "waking" themes of violins and oboes at the beginning as watchman's signals, brilliantly and powerfully delivered, and to depict the fright of the virgins in the fifth bar by making a strong accent fall upon the weak beat.

The movement contains nothing of this theatrical effect. Two thematic ideas take part:—the solemn, festive march theme in the first four bars and the graceful somewhat reluctant subject in bars 5 and 6 with its lyrica employement of the triad. The symbolic meaning is beyond doubt; it is the approach of the bridegroom's procession and the impatient expectancy of the virgins. For in the middle of the Chorale stand the words "Kommen" and "entgegengehen". But the procession is as yet far distant and only perceptible to the listeners by its resounding steps. Herein, too, Bach demonstrates his power of logic by the dark colour of his musical picture; it is midnight and only by degrees the lamps are lighted. It would therefore be as well to let the movement rest in this atmosphere of quiet, solemn expectancy and shrouded tonal colour.

The entry of the soprano in the chorus must also be dispassionate and tender, thereby obeying the *piano* which is intentionally marked in the original instrumental parts. Choral weight and heavy pathetic accentuation would destroy this instrumentally conceived expression. The alto, tenor and bass voices must conform to the same law.*) Together with orchestra and hymn they form a third means of expression, and their object is to vivify the joyful freedom of expression from which the soprano voice is completely detached. How this process, with its ascending and descending line, its passages in imitation, its miniature de-

piction and final ecstatic trends so that the Chorale itself is drowned in the joyousness of expectancy cannot be explained in words. And yet notice must be drawn towards two outstanding musical features; the first, the extraordinary economy of thematic material (as portrayes throughout the whole movement); secondly, the surprising musical effects attained from bar to bar, which keep the listener constantly on the alert and which are solely the outcome of baroque music. Thus, if the prelude is repeated in the epilogue, it must bear the stamp of corresponding brilliancy of wedding music.

As a watcher from the heights the tenor voice announces the approach of the bridegroom to the expectant virgin. But the meeting has not yet taken place, the voices only are as yet in communion. And out of this feverish impatience is fashioned the "bridal" duet between the Saviour and the eager soul, — no, between two earthly creatures yearning for love. The small violin accompanies the voice, probably with the intention of portraying the virginal character on the symbolic word "Seele". The prelude contains two meanings: the main theme from which subsequently is developed the tender question and answer, and the demi-semiquaver figure of the anxious heart. But here again musical analysis is of no avail, for Bach's extraordinary gift of moulding his musical ideas according to form emanates from the great law of intuition, and in the face of the expressive quality of this section,

---

*) It must be accepted that Bach, in the animated episodes of the alto, tenor and bass voices in lines 1, 2, 3, and 4 employed soloists, or at least 3 or 4 boy's voices.

it is useless to enquire whether the duet follows the usual *da capo* form or not.

It was not an easy task to return from this tender erotic scene to the second verse of the Chorale, without relinquishing the heights hitherto attained. Bach found his salvation in making the tenor voices sing the Chorale, accompanied by the violins and violas in unison to express the subjective momentary emotion. The former fire of the duet is distinctly perceptible in this embellishment of quaver theme. It cannot be played expressively enough, for it portrays the embrace of the tender bride, the enthusiasm of the soul towards the Saviour.*) If one conceives the notion that this inner song was directly introduced by Bach as a means of expression, then one must turn to bar 13 etc. to prove that in reality it was but derived as a secondary agent of counterpoint to the original choral melody. Both, however, are contrasted: the peaceful Chorale as the eternal state with the unceasing decorative instrumental voice portraying the idea of human passion.

Now the human soul is in the safe hands of Heaven, the Saviour may say, through the mouth of poet, "So geh' herein zu mir, du mir erwählte Braut." This entrance into the symbolic chamber, the momentuous moment is handled by Bach with rare insight, as though it were an actual event, and by means of accompanied recitative. In a manner, alike virile and strong, tender and resigned, these lovely words are accompanied by violins and violas, and in their promise of shelter reveal solemn sanctity.

But Bach does not neglect the idea of worldly marriage in his desire to portray the purely spiritual. He leads the happy, wishless pair into secrecy, and overhears the sworn promise of eternal truth. That which constituted unrealised yearning in the first duet now becomes fulfilment, and hence both voices now sing not only in unison but also the same phrase for long stretches at a time. Bars such as 21 etc., 31 and 35 give promise of development from the baroque to the romantic era, and, apart from Händel, one has to wait for "Fidelio" to discover a duet of two husbands imbued with such living flame of genius.

When, finally, the majestic E flat major third verse of the Chorale is heard, erected line by line as a monument in sound, the impression is borne upon us that the powers of chorus and orchestra are exhausted, and the whole Christian Church must now combine to render the work in full competence.

The present edition of the work is indebted to the publication in the Bach Edition, volume 28, the editorial work of which was undertaken by Wilh. Rust in 1881 partly from the original autograph parts in the "Thomasschule" at Leipzig, partly from older copies of the score. (For these careful revisional notes, see page 35 etc.)

Arnold Schering

---

*) I cannot reconcile myself to A. Schweitzer's idea in his book "J. S. Bach" page 625, where he talks about village dance music. Not only the feminine endings, but also the bright atmosphere of bars 7 and 8 and the "reluctant" theme in bar 9 harking back to bar 5 of the introductory chorus, disclaim these views.

VORWORT

BACH, KANTATE NR. 140: „WACHET AUF, RUFT"

Der siebenundzwanzigste Sonntag nach Trinitatis (November), auf den die Kantate über Philipp Nicolais unvergleichliches Kirchenlied geschrieben ist, kommt äußerst selten, und zwar nur dann vor, wenn Ostern sehr früh fällt. Während Bachs Leipziger Kantorat besaßen ihn nur die Jahre 1731 und 1742. Spitta (J. S. Bach, II, 290, 796) tritt, wohl mit Recht, für das frühere Jahr ein, was schon dadurch einleuchtet, daß Bach nicht erst bei der zweiten, sondern schon bei der ersten Gelegenheit zur Feder gegriffen haben wird, eine andere Kantate zu diesem Sonntag aber nicht vorhanden ist.

Das Evangelium des Tages (Matth. 25, 1—13) bringt das Gleichnis von den zehn Jungfrauen. Nicolais Lied knüpft nur in der ersten Strophe hieran an, um alsdann selbständig weiterzugehen und unter Anklängen an das Hohelied und Versen aus Offenb. Joh. (21; 2, 21) Zions Herrlichkeit und Gottes Glorie zu feiern. Zwischen die drei Liedstrophen hat der (unbekannte) Dichter Bachs je ein Rezitativ mit Duett eingeschoben, die von entscheidender Wichtigkeit deshalb sind, weil sie das in der ersten Liedstrophe berührte Hochzeitsverhältnis zwischen Christus und der gläubigen Seele nicht nur näher ausspinnen, sondern sogar derart in den Vordergrund rücken, daß nunmehr das Ganze als ausgesprochene Hochzeitskantate erscheint.

Gewiß beruht diese Auffassung vom Bräutigamstande Christi und der sich ihm antrauenden Seele auf alten mystischen Anschauungen, für die das unmerkliche Übergehen des Sinnlichen ins Geistige bezeichnend ist. Der Pietismus hatte schon gegen Ende des 17. Jahrhunderts diese Richtung wieder in Aufnahme gebracht. Aber es darf als sicher gelten, daß Bachs Gemeinde sich nur mehr schwer in die wirkliche u n i o m y s t i c a der mittelalterlichen Theologen versetzen konnte, vielmehr die Sache so nahm, wie sie ausgesprochen wurde: als ideales Liebesverhältnis auf realer Grundlage. Zeugnis dafür ist Bachs Musik. Sie tut nichts, um die nur symbolisch zu verstehende Beziehung der Seele zu Christus von sich aus ins rein Geistige, bloß Gleichnishafte zu erheben, sondern spricht unumwunden alles als wahr, wirklich und gegenwärtig aus. Für ihn als Musiker kennt irdische und himmlische Liebe keinen Unterschied, und wie er die Hochzeitskantate „O ewiges Feuer" kurzerhand zu einer Pfingstkantate benutzte, so könnte die „Wachet auf"-Kantate mit wenigen textlichen Veränderungen ohne weiteres als bürgerliche Trauungskantate durchgehen. So tief versenkte sich Bach in die ideale Hochzeitsstimmung des Textes, daß er sie selbst dort anzudeuten nicht vergaß, wo Dichtung und Musik nicht unmittelbar darauf hinwiesen: in der zweiten Strophe des Chorals.

Gleich den ersten Chor hat Bach zu einer Szene voll höchster und eigenartigster Poesie dadurch ausgebaut, daß er in ihm die Augenblicke zusammenfaßt, die der Begegnung des Bräutigams mit den Jungfrauen vorangehen. Diese poetische Andeutung liegt ausschließlich in der Orchesterpartie des Satzes, die, wie man bemerken wird, bis zum Schluß streng an den einmal ausgespielten Figuren festhält. Man hat, wie mir scheinen will, Bachs Absicht mißverstanden, wenn man in den beginnenden rhythmischen Motiven der Violinen und Oboen „Weckmotive", etwa die Signale der Zinnenwächter, erblickte, sie gleich anfangs möglichst robust und glänzend vortragen ließ und das Erschrecken der Jungfrauen im 5. Takte durch besondere Akzente auf dem schlechten Taktteil betonte. Von diesem Kulisseneffekt enthält der Satz nichts. Zwei Motivgedanken spielen in ihm eine Rolle: das festliche, feierliche Marschmotiv der ersten 4 Takte und das liebenswürdige, etwas zaghafte Motiv des 5. und 6. Takts, in dem und zu dem (im Baß) beziehungsreich der Dreiklang der Liedweise anklingt. Was damit symbolisiert ist, kann nicht zweifelhaft sein: einmal das Herannahen des festlichen Zuges des Bräutigams, das andere Mal die erwartungsvolle, geschäftige Ungeduld der Jungfrauen. Denn im Mittelpunkt der Choralstrophe steht das „Kommen" und das „Entgegengehen". Der Zug selbst aber ist noch fern und den Lauschenden gleichsam nur an den hallenden Tritten erkennbar. Und auch darin zeigt Bach sich als scharfer Logiker, daß er zunächst dunkle Klangfarben bevorzugt:

es ist Mitternacht, und erst allmählich werden die Lampen entzündet. Man wird also gut tun, dem Satze anfangs seine feierliche, erwartungsvolle Ruhe und Klanggedecktheit zu belassen.

Auch der Einsatz des Chorsoprans mit dem Choral wird noch durchaus leidenschaftslos und zart zu geben sein. Nicht umsonst schreiben die Originalstimmen den Instrumenten hier ausdrücklich *piano* vor. Chorische Wucht und starkes Pathos würden die geradezu kammermusikalische Instrumentation zunichte machen. Das gleiche gilt für Alt, Tenor und Baß*). Diese bilden in sich neben Orchester und Kirchenlied eine dritte Ausdrucksreihe und haben die Aufgabe, den Sinn der einzelnen Choralzeilen, die der Sopran völlig objektiv vorträgt, durch subjektive Ermunterungs- und Freudenrufe zu einem gegenwärtigen Erlebnis zu machen. Wie das melodisch auf- und niedergeht, sich zwanglos zu Imitationen fügt, in kleinen Bildern schwelgt und, je näher der Schluß kommt, zu immer ekstatischeren Wendungen hindrängt, so daß schließlich die Choralweise ganz untertaucht im Jubel der Erwartung, — das können Worte nicht beschreiben. Doch möge man auf zweierlei achten: auf die erstaunliche Sparsamkeit in der Verwendung des thematischen Materials (sie erzeugt den beispiellos einheitlichen Eindruck des herrlichen Satzes) und auf jene vielen von Takt zu Takt sich jagenden, den Hörer immer von neuem spannenden Überraschungseffekte, wie sie nur die Musik

*) Man darf wohl annehmen, daß Bach die bewegten Episoden des Alts, Tenors und Basses in der 1., 2., 3. und 4. Zeile durch Solisten hat vortragen lassen zu höchstens 3- oder 4-fach besetztem Knabensopran.

des Barock hervorbringen konnte. Es ist selbstverständlich, daß der Vortrag dieser inneren und äußeren Steigerung entgegenkommen und immer mächtiger ausgreifen muß. Wird dann das Vorspiel als Nachspiel wiederholt, so darf es jetzt den Charakter eines dem hellen Morgen entsprechenden glänzenden Hochzeitsmarsches tragen.

Wie von hoher Zinne herab der spähende Wächter, so verkündet nunmehr der Tenor in unmittelbarer dramatischer Lebendigkeit der harrenden Braut das Nahen des Bräutigams. Noch aber ist er der Umarmung entrückt; nur erst die Stimmen begegnen sich. Und aus der fiebernden Ungeduld dieser Augenblicke entblüht das bräutliche Duett zwischen Christus und der harrenden Seele, — nein, zwischen zwei irdischen Liebenden von heißem Blute. Die konzertierende Instrumentalstimme wird, vielleicht um den jungfräulichen Charakter der durch sie symbolisierten „Seele" zu betonen, von einem hellklingenden Violino piccolo gespielt. Wiederum birgt das Vorspiel zwei Sinngehalte: Das Hauptthema, aus dem sich später das liebliche Frage- und Antwortspiel entwickelt, trägt einen zärtlichen, mit etwas Bangen vermischten Charakter, die Fortspinnung in Zweiunddreißigsteln besiegelt die heftige Unruhe des liebeglühenden Herzens. Auch hier aber spottet die musikalische Psychologie, die Bach in sein Tongeschehen einfing, jeglicher Analyse. Denn die

Ideenfülle und ihre Bändigung in Gestalt melodischer und kontrapunktischer Verwebungen stehen hier unter dem Gesetze höchster Intuition, zu der der Verstand nur schwer Zugang findet. Gegenüber den Ausdrucksqualitäten dieses Stückes ist es wirklich gleichgültig zu fragen, ob das Duett etwa von der üblichen da capo-Form abweicht oder nicht.

Von dieser zart erotischen Szene zur zweiten Choralstrophe zurückzuleiten, ohne die eben erreichte Gefühlshöhe aufzugeben, war nicht leicht. Bach hilft sich, indem er den Choral vom Tenor singen und die subjektiven Gefühlsmomente wiederum von einer Instrumentalstimme (Violinen und Viola im Einklang) ausdrücken läßt. In diese schmeichelnde, zierlich gewundene Achtelthematik klingt noch sehr vernehmlich etwas von der verhaltenen Glut des Duetts herein. Man wird sie nicht ausdrucksvoll genug spielen können, denn es ist das Kosen der zärtlichen Braut, das bestrickende Schwärmen der Seele um den Heiland*). Meint man anfangs, dieser innige Gesang sei von Bach unmittelbar gefühlsmäßig erfunden, so belehren die Takte 13 ff., daß er sekundär, d. h. als Kontrapunkt zur Choralmelodie entstanden ist. Beides, der ruhevolle Choral als das Dauernde, Ewige, und die unablässig um ihn schmeichelnde Instrumentalstimme als Sinnbild bewegter menschlicher Leidenschaft ergeben zusammen ein neues bezauberndes Nebeneinander.

*) Ich kann nicht recht verstehen, inwiefern A. Schweitzer (J. S. Bach, S. 625) dazu gekommen ist, hier von dorfmusikartiger Tanzweise zu sprechen. Nicht nur die vielen weiblichen Endungen, die freundliche Gebärde der Takte 7 und 8 und die in Takt 9 erscheinende, auf Takt 5 des Einleitungschors zurückdeutende „zaghafte" Wendung widerstreiten solcher Auffassung.

Da nun die Seele dem Heiland angetraut ist auf Ewigkeit, darf der Dichter diesem selbst die Worte in den Mund legen: „So geh herein zu mir, du mir erwählte Braut". Dieses Hereinführen der Braut in die Kammer, diesen köstlichen Augenblick, hat Bach mit der ganzen Hingabe des Schauenden, als handle es sich um wirkliches Geschehen, durch ein Recitativo accompagnato zu einer wahrhaft keuschen Seelenfeier erhoben. Männlich und sicher, liebevoll und hingegeben dringen diese schönen, Schutz verheißenden Worte des Basses durch die zart gesponnenen Akkordklänge der Violinen und Violen. Es ist ein Augenblick von sakraler Feierlichkeit.

Aber bei aller christlichen Symbolbedeutung der Stelle im Sinne des Hohenlieds läßt Bach auch jetzt den Gedanken an eine unter irdisch Liebenden geschlossene Hochzeit noch nicht fallen. Er begleitet das wunschlos glückliche Paar bis in die Kammer und lauscht ihm die nunmehr hemmungslos dahinströmenden Schwüre ewiger Treue ab. Was im ersten Duett ungestillte Sehnsucht war, ist hier Erfüllung, darum singen beide Stimmen jetzt große Strecken nicht nur gleichzeitig, sondern auch die gleichen Motive, und alles entwickelt sich freier als früher. Takte wie 21 ff. und 31, 35 deuten über das Barock weit hinaus in die Romantik, und man wird — wenn man Händel ausnimmt — doch wohl bis zum „Fidelio" gehen müssen, um ein Gattenduett von gleichem inneren Feuer zu finden.

Wenn dann schließlich am Ende das majestätische Es-dur der dritten Choralstrophe aufsteigt und Zeile für Zeile, jede für sich, als ein schimmerndes Klangdenkmal aufgereckt wird, dann hat man wohl die Empfindung: hier versagt die Kraft des Sängerchors und der Instrumente: hier muß die ganze christliche Kirche aus voller Kehle mit einstimmen.

Für die vorliegende Ausgabe diente der Druck in Band 28 der Bachausgabe als Vorlage, dessen Redaktion Wilh. Rust 1881 nach den zum Teil autographen Originalstimmen in der Leipziger Thomasschule und älteren Partiturabschriften besorgte. Es sei auf dessen sorgfältigen Revisionsbericht (S. XXXV f.) verwiesen.

Arnold Schering

VIII

CANTATA No. 140
Wachet auf, ruft uns die Stimme
Sleepers, wake
BWV 140

Leipzig, 1731

Domenica 27 post Trinitatis

Epistel: 1 Thessalonicher 5, 1–11 (Bereitschaft für den Jüngsten Tag)
Evangelium: Matthäus 25, 1–13 (Gleichnis von den zehn Jungfrauen)

Epistle: 1 Thessalonians 5, 1–10 (Readiness for the Day of Judgement)
Gospel: St Matthew 25, 1–13 (Parable of the ten virgins)

(2 Oboe, Taille, Corno, Violino piccolo, Strings/Streicher, Basso continuo)

1. Coro	1. Chorus
Wachet auf, ruft uns die Stimme	'Awake!' the voice of the watchman calls
der Wächter sehr hoch auf der Zinne.	from high up on the battlements. |to us
Wach auf, du Stadt Jerusalem!	'Awake, you city of Jerusalem!
Mitternacht heißt diese Stunde;	The hour of midnight,
sie rufen uns mit hellem Munde:	summons us with a clear voice:
wo seid ihr klugen Jungfrauen?	where are you, wise virgins?
Wohl auf, der Bräut'gam kömmt;	Make haste! The bridegroom comes;
steht auf, die Lampen nehmt!	arise and take the lamps!
Alleluja!	Alleluja!
Macht euch bereit zu der Hochzeit,	Prepare to join the wedding feast:
ihr müsset ihm entgegen gehn!	you must go forth to meet him!'

2. Recitativo (Tenor)	2. Recitativo (Tenor)
Er kommt, er kommt,	He comes, he comes,
der Bräut'gam kommt!	the bridegroom comes!
Ihr Töchter Zions, kommt heraus,	You daughters of Zion, come forth.
sein Ausgang eilet aus der Höhe	His procession hastens from on high
in euer Mutter Haus.	to your mother's house.

Der Bräut'gam kommt, der einem Rehe und jungen Hirsche gleich auf denen Hügeln springt und euch das Mahl der Hochzeit bringt. Wacht auf, ermuntert euch! Den Bräut'gam zu empfangen! Dort, sehet, kommt er hergegangen.	The bridegroom approaches like a roe or a young hart leaping upon the hills, and brings you the wedding feast. Awake and rouse yourselves to greet the bridegroom! There, see, he approaches.

3. Aria (Duetto: Soprano, Basso)

Sopran
Wenn kömmst du, mein Heil?
Bass
Ich komme, dein Teil.
Sopran
Ich warte mit brennendem Öle.
Sopran/Bass
Eröffne/Ich öffne den Saal
Zum himmlischen Mahl.
Sopran
Komm, Jesu!
Bass
Ich komme; komm, liebliche Seele!
Da capo

3. Aria (Duetto: Soprano and Bass)

Soprano
When art thou coming, my salvation?
Bass
I come, your partner.
Soprano
I wait with a burning oil lamp.
Soprano/Bass
Now open/I open the chamber
for the heavenly feast
Soprano
Come, Jesus!
Bass
I come; come, lovely soul!
Da capo

4. Choral (Tenor)

Zion hört die Wächter singen,
das Herz tut ihr vor Freuden springen,
sie wachet und steht eilend auf.
Ihr Freund kommt vom Himmel
                          prächtig,
von Gnaden stark, von Wahrheit
                          mächtig,
ihr Licht wird hell, ihr Stern geht auf.
Nun komm, du werte Kron,
Herr Jesu, Gottes Sohn!
Hosianna!
Wir folgen all zum Freudensaal
und halten mit das Abendmahl.

4. Chorale (Tenor)

Zion hears the watchmen singing.
Her heart leaps with joy,
she wakes and rises in haste.
Her friend comes from heaven in
                          splendour,
strong in mercy, mighty in
                          truth;
her light burns bright, her star rises.
Now come, thou worthy crown,
Lord Jesus, Son of God!
Hosanna!
We all follow to the hall of joy
and join the Last Supper.

5. Recitativo (Basso)

So geh herein zu mir.
du mir erwählte Braut!
Ich habe mich mit dir
von Ewigkeit vertraut!
Dich will ich auf mein Herz,
auf meinen Arm gleich wie ein Siegel
setzen
und dein betrübtes Aug ergötzen.
Vergiß, o Seele, nun
die Angst, den Schmerz,
den du erdulden müssen;
auf meiner Linken sollst du ruhn,
und meine Rechte soll dich küssen.

6. Aria (Duetto: Sopran, Basso)

Seele: Mein Freund ist mein!
Jesus: Und ich bin dein!
Beide: Die Liebe soll nichts scheiden.
Seele: Ich will mit dir in Himmels
Rosen weiden,
Jesus: Du sollst mit mir in Himmels
Rosen weiden.
Beide: Da Freude die Fülle, da Wonne
wird sein!

7. Choral

Gloria sei dir gesungen
mit Menschen- und englischen Zungen,
mit Harfen und mit Zimbeln schon.
Von zwölf Perlen sind die Pforten
an deiner Stadt; wir sind Konsorten
der Engel hoch um deinen Thron.
Kein Aug hat je gespürt,
kein Ohr hat je gehört
solche Freude.
Des sind wir froh,
io io!
Ewig in dulci jubilo.

5. Recitativo (Bass)

Then come within to me,
my chosen bride!
I have been betrothed
to you from all eternity.
I will set you on my heart
and upon my arm like a
seal
and delight your troubled eyes.
Now, forget, O soul,
the anguish, the pain
that you had to suffer;
you shall rest at my left hand,
and my right shall caress you.

6. Aria (Duetto: Soprano and Bass)

Soul: My friend is mine
Jesus: and I am yours.
Together: Nothing shall divide our love.
Soul: I will graze with you among
the roses of heaven,
Jesus: You shall graze with me
among the roses of heaven,
Together: there, in the fullness of joy
and delight.

7. Chorale

Gloria to thee be sung
with the tongues of men and angels,
with harps and with cymbals.
Of twelve pearls are made the gates
in thy city; we are consorts
of the angels high around thy throne.
No eye has ever seen,
no ear has ever heard,
such joy.
Therefore we rejoice,
io, io!
forever in dulci jubilo.

English translation by C. J. S. Caesar/
I. J. Meier

Wachet auf, ruft uns die Stimme

Dominica 27 post Trinitatis

1. Chor

Joh. Seb. Bach
1685 - 1750

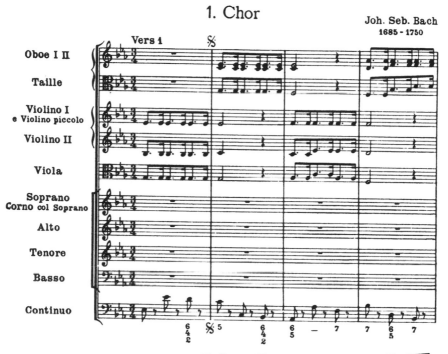

6

E E 4820

8

Ob.   Tail.   Vl.   Vla.

S.

A.
ru - - sa - lem!

T.
lem, Je - ru - sa - lem!

B.
ru - - sa - lem!

Cont.

Ob.   Tail.   Vl.   Vla.   Cont.

60

13

E. E. 4820

seid ihr klu - gen Jung-frau - en, wo, wo?

ihr, ihr klu - gen Jung-frau - en, wo, wo?

klu - gen Jung - frau - en, — wo, wo?

24

26

E.E.4820

2. Recitativ

Tenore: Er kommt, er kommt, der Bräut'gam kommt! Ihr Töch-ter Zi-ons, kommt her-aus, sein Aus-gang ei-let aus der Hö-he in eu-er Mut-ter Haus. Der Bräut'-gam kommt, der ei-nem Re-he und jun-gen Hir-sche gleich auf de-nen Hü-geln springt und euch das Mahl der Hoch-zeit bringt. Wacht auf, er-mun-tert euch! den Bräut'gam zu em-pfan-gen; dort, se-het, kommt er her-ge-gan-gen.

E. E. 4820

3. Arie (Duett)

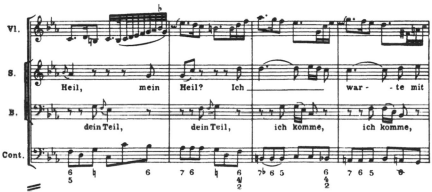

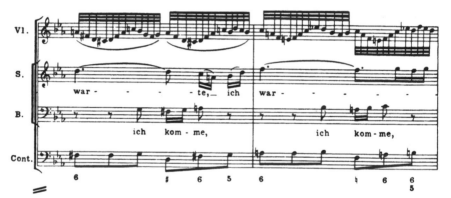

E.E.4820

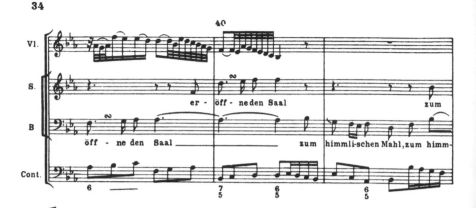

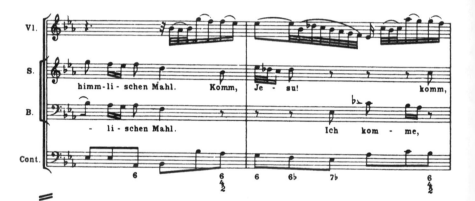

E.E.4820

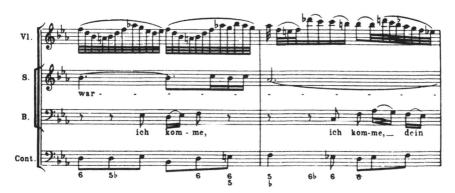

Dal Segno

4. Choral

40

das Herz tut ihr vor Freu-den sprin - gen,

sie wa - chet und steht ei - lend auf.

Ihr Freund kommt vom Himmel

5. Recitativ

44

dein be - trüb - tes Aug' er - göt - zen. Ver -

giß, o See-le, nun die Angst, den Schmerz, den du er - dulden müssen; auf meiner

Lin-ken sollst du ruh'n, und mei-ne Rech - te soll dich küs-sen.

6. Arie (Duett)

48

E.E 4H20

Da Capo dal Segno

7. Choral